Nordic Mysteries: Norwegian-English

Coledown Bilingual Books

Published by Coledown Bilingual Books, 2023.

NORDIC MYSTERIES: NORWEGIAN-ENGLISH

First edition. November 21, 2023.

ISBN: 979-8223698272

Written by Coledown Bilingual Books.

Table of Contents

Elin Nordström

Elin Nordström, en kvinne av enestående styrke og lidenskap, trer frem fra sidene av disse korte historiene som en sentral figur i hjertet av Norges gamle mysterier. Med sitt skarpe intellekt, dype forståelse av historie og en urokkelig nysgjerrighet, er Elin ikke bare en arkeolog, men også en oppdager av fortidens hemmeligheter og en vokter av landets rike kulturarv.

Født og oppvokst i de rolige kystområdene av Norge, bar Elin alltid i seg en uovervinnelig kjærlighet til sitt hjemlands rike historie. Fra barndommens dager, hvor hun utforsket gamle ruiner og hørte eventyr om vikingenes bragder, var det klart at skjebnen hadde kalt henne til å utforske fortiden og avdekke de skjulte trådene som binder nåtid og historie sammen.

Elin's tilnærming til arkeologi er ikke bare et fag, men en livsstil. Hver ruin, hvert gammelt manuskript, og hvert gravsted bærer for henne et løfte om å avsløre historier som har ligget skjult i århundrer. Hennes evne til å lese runer, tolke gamle inskripsjoner og gjenopplive fortidens glød gjør henne til en uerstattelig skikkelse i feltet.

Hun er kjent for sitt karakteristiske utseende, med øyne som reflekterer visdommen fra tusenårige steiner og hår som bølger som de uutforskede kystlinjene. Elin utstråler en rolig styrke, som de gamle fjellene som vokter landets hemmeligheter. Hennes tilstedeværelse i ethvert rom bringer med seg et pust av historie, som om fortiden selv har valgt henne som sin forteller.

Elin Nordström er ikke bare en historieforteller, men en aktiv deltaker i å forme fortidens narrativ. Hennes involvering i hvert mysterium, hver gåte, er ikke bare drevet av profesjonell nysgjerrighet, men også av en personlig forpliktelse til å forstå sitt hjemlands sjel. Hver gang hun står ansikt til ansikt med en ny utfordring, bringer hun med seg ikke bare sitt ekspertise, men også en ånd av eventyr og en vilje til å grave dypt for å avdekke sannheten.

Gjennom disse korte historiene blir leserne ledsaget av Elin Nordström på hennes utforskninger gjennom Norges gåtefulle landskap. Hver historie er som et kapittel i hennes liv, et øyeblikk fanget i tiden hvor hun står overfor en ny mysterie å løse. Hennes karakter utvikler seg gjennom hver fortelling, som tråder som veves inn i et stadig mer komplekst og fargerikt teppe av oppdagelser.

Selv om Elin Nordström møter utfordringer og farer, er det hennes vilje til å forstå, hennes empati for menneskene bak historiene, som skiller henne ut som en ekte historieforteller. Hennes erfaringer kaster lys over ikke bare fortidens gåter, men også over den menneskelige naturens iboende nysgjerrighet og ønsket om å forstå ens røtter.

Så følg med, kjære lesere, mens Elin Nordström tar dere med på en reise gjennom tidens mysterier. La hennes historier vikle seg rundt dere som de eldgamle runene som bærer på Norges fortid. La Elin være deres guide gjennom et landskap av hemmeligheter, og la hvert ord være et skritt nærmere forståelsen av det som en gang var, og som fortsatt lever gjennom hver stein og hver historie som bærer Norges navn.

Elin Nordström

Elin Nordström, a woman of exceptional strength and passion, emerges from the pages of these short stories as a central figure at the heart of Norway's ancient mysteries. With her sharp intellect, deep understanding of history, and unwavering curiosity, Elin is not just an archaeologist but also a discoverer of secrets from the past and a guardian of the country's rich cultural heritage.

Born and raised in the tranquil coastal areas of Norway, Elin always carried an invincible love for the rich history of her homeland. From childhood days, exploring ancient ruins and hearing tales of Viking exploits, it was evident that destiny had called her to delve into the past and uncover the hidden threads that bind the present and history together.

Elin's approach to archaeology is not just a profession but a way of life. Every ruin, every ancient manuscript, and every burial site hold for her a promise to unveil stories that have been concealed for centuries. Her ability to read runes, interpret ancient inscriptions, and revive the glow of the past makes her an irreplaceable figure in the field.

She is known for her distinctive appearance, with eyes reflecting the wisdom of millennia-old stones and hair flowing like the unexplored coastlines. Elin exudes a calm strength, akin to the ancient mountains guarding the country's secrets. Her presence in any room brings a breath of history, as if the past itself has chosen her as its storyteller.

Elin Nordström is not just a storyteller but an active participant in shaping the narrative of the past. Her involvement in every mystery, every puzzle, is not only driven by professional curiosity but also by a personal commitment to understand the soul of her homeland. Each time she faces a new challenge, she brings not only her expertise but also a spirit of adventure and a willingness to dig deep to uncover the truth.

Through these short stories, readers are accompanied by Elin Nordström on her explorations through Norway's mysterious landscapes. Each story is like a chapter in her life, a moment captured in time where she faces a new mystery to solve. Her character evolves through each tale, like threads woven into an increasingly complex and colorful tapestry of discoveries.

Even as Elin Nordström encounters challenges and dangers, it is her willingness to understand, her empathy for the people behind the stories, that sets her apart as a true storyteller. Her experiences shed light not only on the mysteries of the past but also on the inherent curiosity of human nature and the desire to understand one's roots.

So, dear readers, join in as Elin Nordström takes you on a journey through the mysteries of time. Let her stories wrap around you like the ancient runes that carry Norway's past. Let Elin be your guide through a landscape of secrets, and let each word be a step closer to understanding what once was and still lives through every stone and every story bearing Norway's name.

Spøkelsesskipets Skatt

Havet lå rolig idet Elin Nordström spaserte langs stranden. Det var en dag som hvilte i en stille symfoni av bølgesus og måkeskrik. Men plutselig, som om tatt ut av en gammel sjømannssang, dukket et bleknet, flytende spøkelsessyn opp i horisonten. En legendarisk spøkelsesskip, kjent som Skjebnens Skute, viste seg igjen etter århundrer.

Elin stirret utover det glitrende vannet, fylt av en blanding av undring og ærefrykt. Skjebnens Skute hadde lenge vært et emne for fiskernes fortellinger rundt bålet. Nå, som en levende myte, seilte det sakte mot kysten, spøkelsesaktig og majestetisk på samme tid.

Hun kunne kjenne et drag av fortidens mysterier i luften. Noe dypere enn havet selv syntes å kalle på henne. Uten å nøle, hoppet Elin i en gammel båt og begynte ferden mot det spøkelsesaktige skuet som lå i horisonten.

Skjebnens Skute var som en tidsmaskin, og Elin følte seg trukket tilbake til en svunnen æra. Med hvert slag av bølgene, avdekket fortidens slør seg, og historien om det legendariske skipets forsvinning begynte å ta form i Elins sinn.

Hun kunne høre det susende lydet av gamle sjømenns latter og føle vibrasjonen fra sjøsprøytet som omga dem. Skjebnens Skute avslørte etter hvert flere lag av mysterier. Mytene sa at skipet en gang hadde fraktet en uvurderlig skatt, og nå, i sitt spøkelsesaktige gjensyn, avslørte det en hemmelighet som lenge hadde ligget skjult.

Skjønnheten i skipet var et bedrag. Hvert skip er en tidkapsel, men dette skipet bar med seg et ekstra lag av historie. Elin, med hennes forankring i fortiden, visste at denne hendelsen ikke var tilfeldig. Det var som om Skjebnens Skute hadde ventet på henne.

Idet hun nærmet seg, fikk Elin øye på en gammel skattekiste som sto på dekket. Den var dekket av salt, men det skinte et øyeblikk av gull og perler som avslørte skattens egen historie. Skipslogg og tidsstøv hadde gjemt bort denne verdifulle lasten i århundrer.

Men skatten var ikke bare fylt av gull og juveler. Det var også en serie av kryptiske ledetråder, risset inn i kisten som om de ventet på å bli avdekket av en oppdagelsesreisende som Elin. Det var som om fortiden hadde satt i scene et puslespill, og nå var det opp til henne å sette bitene sammen.

Elin tok forsiktig ut ledetrådene, gamle kartografier og tørre pergamentruller. Hvert element bar på en bit av gåten, og som en arkeolog av historie, visste Elin at det var opp til henne å finne ut av dette intrikate puslespillet.

Natten falt over havet, men Elin kunne ikke hvile. Hun satt ved lanternelyset, studerte de kryptiske ledetrådene og kartene. Hvert spor førte henne nærmere sannheten, men det var som om fortiden stadig trakk henne dypere inn i dens omfavnelse.

Dagene ble til uker mens Elin jobbet med å løse mysteriet. Hun konsulterte gamle sjøkart, studerte stjernekonstellasjoner og dechiffrerte ledetrådene som om de var runer fra en annen tid. Hvert skritt brakte henne nærmere skatten, men også nærmere å forstå hvorfor Skjebnens Skute hadde vendt tilbake.

I møte med urolige bølger og stjerneklare netter, følte Elin fortiden brette seg ut foran henne som et gammelt kart. Historien var ikke bare en rekke hendelser, men et levende nettverk av forbindelser mellom mennesker og skjebnen selv.

Til slutt, etter mange dagers utforskning og etterforskning, stod Elin ved foten av en gammel ruin på en fjerntliggende øy. Det var her skatten skulle være, begravd av en lengst glemt kaptein som hadde ønsket å beskytte den fra grådige hender.

Med hendene i det kalde sandet, gravde Elin frem skatten. Gull og juveler glitret i lyset, men det var mer enn materiell rikdom. Det var historiens rikdom, en arv fra en tid lenge siden. Skjebnens Skute hadde blitt en bro mellom fortid og nåtid, og Elin hadde vært den som hadde knyttet båndet.

Som hun satt der, omringet av skattens glans og øyas stillhet, følte Elin en følelse av fullkommenhet. Skjebnens Skute kunne nå hvile, og historien som hadde vært fanget i bølgene, kunne endelig bli fortalt. Elin hadde ikke bare avdekket en skatt, men også en historie som skulle bli en del av havets sanger og bølgers visdom.

The Ghost Ship's Treasure

The sea lay calm as Elin Nordström strolled along the shore. It was a day resting in a quiet symphony of waves and seagull cries. But suddenly, as if plucked from an old sea shanty, a faded, floating ghostly vision appeared on the horizon. A legendary ghost ship, known as the Fate's Vessel, reappeared after centuries.

Elin gazed across the glistening water, filled with a mix of wonder and awe. The Fate's Vessel had long been a subject of fishermen's tales around the bonfire. Now, as a living myth, it sailed slowly towards the coast, ghostly and majestic at the same time.

She could feel a pull of ancient mysteries in the air. Something deeper than the sea itself seemed to call to her. Without hesitation, Elin jumped into an old boat and began the journey towards the spectral sight on the horizon.

The Fate's Vessel was like a time machine, and Elin felt drawn back to a bygone era. With every stroke of the waves, the veils of the past uncovered themselves, and the story of the legendary ship's disappearance began to take shape in Elin's mind.

She could hear the whispering sound of old sailors' laughter and feel the vibration from the sea spray that surrounded them. The Fate's Vessel gradually revealed more layers of mysteries. Myths said the ship had once carried an invaluable treasure, and now, in its ghostly reappearance, it unveiled a secret that had long been hidden.

The beauty of the ship was deceiving. Every ship is a time capsule, but this ship carried an extra layer of history. Elin, with her anchoring in the past, knew that this event was not random. It was as if the Fate's Vessel had been waiting for her.

As she approached, Elin spotted an old treasure chest on the deck. It was covered in salt, but for a moment, it shimmered with gold and pearls, revealing the treasure's own story. Ship logs and the dust of time had hidden this valuable cargo for centuries.

But the treasure was not only filled with gold and jewels. There were also a series of cryptic clues, carved into the chest as if they were waiting to be uncovered by an explorer like Elin. It was as if the past had staged a puzzle, and now it was up to her to piece it together.

Elin carefully took out the clues, old maps, and dry parchment scrolls. Each item held a piece of the puzzle, and like an archaeologist of history, Elin knew it was up to her to solve this intricate puzzle.

Night fell over the sea, but Elin couldn't rest. She sat by the lantern light, studying the cryptic clues and maps. Each trace led her closer to the truth, but it was as if the past constantly drew her deeper into its embrace.

Days turned into weeks as Elin worked to unravel the mystery. She consulted old sea charts, studied constellations, and deciphered the clues as if they were runes from another time.

Each step brought her closer to the treasure, but also closer to understanding why the Fate's Vessel had returned.

In the face of restless waves and starry nights, Elin felt the past unfolding before her like an old map. History was not just a series of events but a living network of connections between people and destiny itself.

Finally, after many days of exploration and investigation, Elin stood at the foot of an ancient ruin on a remote island. This was where the treasure was supposed to be, buried by a long-forgotten captain who had wanted to protect it from greedy hands.

With her hands in the cold sand, Elin unearthed the treasure. Gold and jewels glittered in the light, but it was more than material wealth. It was the wealth of history, a legacy from a time long ago. The Fate's Vessel had become a bridge between the past and the present, and Elin had been the one to connect the bond.

As she sat there, surrounded by the glow of the treasure and the island's silence, Elin felt a sense of completeness. The Fate's Vessel could now rest, and the story that had been trapped in the waves could finally be told. Elin had not only uncovered a treasure but also a story that would become part of the sea's songs and the wisdom of the waves.

Frosne Ekko

Vinteren hadde lagt et nådeløst teppe av is og snø over landskapet, og Elin Nordström følte kulden skjære gjennom hver fiber av hennes klær. Det var en vinter uten like, en tid da naturen selv syntes å puste ut iskald luft som om den bar på gamle hemmeligheter.

Det var midt i denne bitende kulden at oppdagelsen ble gjort – en kropp innkapslet i isen, perfekt bevart og datert til vikingtiden. Elin, med sitt arkeologiske ekspertise, visste at denne kalde saken var som en tidskapsel fra fortiden, en gåte som krevde hennes innsikt for å bli løst.

Kroppen lå der som et frossent ekko fra en fjern fortid, ansiktet tildekket av iskrystaller som om naturen selv hadde ønsket å bevare den siste gjenstanden i en tragisk historie. Elin, som hadde viet sitt liv til å avdekke fortidens mysterier, kunne føle historiens sus gjennom den kalde vinden.

Med nøye håndverk og respekt for fortiden begynte Elin å utføre utgravninger rundt det frosne funnet. Hver skovl med snø avdekket flere lag av historie, som om hun bladde gjennom sidene i en antikk bok. Den frosne kroppen ble gradvis avdekket, kledd i tidsduggede klær, som om den hadde blitt fanget i et frosset øyeblikk.

Elin studerte kroppen nøye, registrerte hver detalj. Hvem var denne personen, og hva hadde ført til deres frosne skjebne? Det var spørsmål som hang i luften, som iskrystaller som glitret i vinterens kalde lys.

Den lokale landsbyen ble rystet av oppdagelsen, som om vikingtiden selv hadde kastet sitt kalde slør over dem. Folk kom sammen for å se på utgravningene, og det var en følelse av at fortiden strakte ut sine iskalde fingre for å berøre nåtiden.

Elin begynte å konsultere gamle manuskripter, vikingenes sagaer og lokale legender. Hun ønsket å forstå hvem denne personen hadde vært og hva som hadde skjedd i de siste dagene av deres liv. Den frosne kroppen bar med seg en historie, en fortelling som nå måtte bli fortalt.

Gradvis avdekket Elin en historie om svik og hevn som strakte seg gjennom århundrer. Den frosne personen viste seg å være en vikingkriger, en som hadde blitt forrådt av sine nærmeste og hadde søkt hevn i de siste øyeblikkene av sitt liv. Det var som om den kalde vinden bar med seg gjenklangen av skrikene som hadde blitt fanget i isen.

Fortellingen rullet ut som en vevd teppet fra fortiden, og Elin kunne føle historiens kraft i hvert ord. Det var en tid da ære og lojalitet var avgjørende, og forræderi ble møtt med blodig hevn. Landsbyens ro ble forstyrret av fortidens kriger som nå ble gjenopplivet gjennom den frosne krigerens historie.

Elin arbeidet døgnet rundt, gransket hvert spor av fortiden som var blitt fanget i isen. Hun konsulterte eksperter fra fjern og nær, og sammen løftet de sløret fra en historie som hadde blitt begravd under et lag av frost og glemsel.

Som utgravningene fortsatte, ble landsbyen vitne til en renessanse av sin egen historie. Mennesker som hadde levd side om side i generasjoner, oppdaget nå at deres røtter strakte seg tilbake til en tid da sverd sang og skjebnen ble bestemt på slagmarken.

Elin ble en bro mellom fortiden og nåtiden, en tolk av de frosne ekkoene som hadde blitt bevart gjennom tidens tann. Hun ledet utgravningene med en blanding av respekt og nysgjerrighet, som om hvert skritt hun tok, åpnet dører til en fjern fortid.

Til slutt, etter måneder med nitidig arbeid, var historien komplett. Den frosne krigeren hadde fått sin rettferdighet gjennom tidens portaler, og landsbyen kunne nå hvile i vissheten om sin egen fortid. Elin hadde vært den som hadde tatt på seg oppgaven med å gjenopplive det frosne ekkoet, og hennes arkeologiske ekspertise hadde blitt et lys i den mørke vinteren.

Med avslutningen av denne kalde saken ble Elin igjen stående ved bredden av landsbyens islagte innsjø. Hun kjente en stille tilfredshet i å ha avdekket historiens mysterier, men også en respekt for de som hadde levd og dødd i vikingtiden. Fortiden hadde gitt fra seg sine frosne ekkoer, og nå kunne de endelig hvile i fred under vinterens kalde teppe.

Frozen Echoes

The winter had laid a merciless blanket of ice and snow over the landscape, and Elin Nordström felt the cold cutting through every fiber of her clothes. It was an unprecedented winter, a time when nature itself seemed to exhale icy air as if carrying ancient secrets.

It was in the midst of this biting cold that the discovery was made – a body encased in ice, perfectly preserved and dating back to the Viking age. Elin, with her archaeological expertise, knew that this cold case was like a time capsule from the past, a puzzle that required her insight to be solved.

The body lay there like a frozen echo from a distant past, the face covered in ice crystals as if nature itself had wanted to preserve the final moments of a tragic history. Elin, who had dedicated her life to uncovering past mysteries, could feel the whisper of history through the cold wind.

With meticulous craftsmanship and respect for the past, Elin began excavations around the frozen discovery. Every shovelful of snow revealed more layers of history, as if she were flipping through the pages of an ancient book. The frozen body was gradually uncovered, dressed in time-worn clothes, as if it had been caught in a frozen moment.

Elin studied the body carefully, noting every detail. Who was this person, and what had led to their frozen fate? These were questions hanging in the air, like ice crystals glittering in the cold light of winter.

The local village was shaken by the discovery, as if the Viking age itself had cast its cold veil over them. People came together to witness the excavations, and there was a sense that the past extended its icy fingers to touch the present.

Elin began consulting ancient manuscripts, Viking sagas, and local legends. She wanted to understand who this person had been and what had happened in the last days of their life. The frozen body carried a story, a tale that now needed to be told.

Gradually, Elin uncovered a story of betrayal and revenge that spanned centuries. The frozen person turned out to be a Viking warrior, one who had been betrayed by those closest to them and had sought revenge in the last moments of their life. It was as if the cold wind carried the echoes of the screams that had been trapped in the ice.

The story unfolded like a woven tapestry from the past, and Elin could feel the power of history in every word. It was a time when honor and loyalty were crucial, and betrayal was met with bloody revenge. The village's tranquility was disturbed by the wars of the past, now revived through the story of the frozen warrior.

Elin worked around the clock, scrutinizing every trace of the past that had been trapped in the ice. She consulted experts from far and wide, and together they lifted the veil from a story that had been buried under a layer of frost and forgetfulness.

As the excavations continued, the village witnessed a renaissance of its own history. People who had lived side by side for generations now discovered that their roots stretched back to a time when swords sang and destiny was determined on the battlefield.

Elin became a bridge between the past and the present, an interpreter of the frozen echoes that had been preserved through the ravages of time. She led the excavations with a blend of respect and curiosity, as if every step she took opened doors to a distant past.

Finally, after months of meticulous work, the story was complete. The frozen warrior had received justice through the portals of time, and the village could now rest in the knowledge of its own past. Elin had been the one to take on the task of reviving the frozen echo, and her archaeological expertise had become a light in the dark winter.

With the conclusion of this cold case, Elin stood once again at the edge of the village's frozen lake. She felt a quiet satisfaction in having uncovered the mysteries of history, but also a respect for those who had lived and died in the Viking age. The past had relinquished its frozen echoes, and now they could finally rest in peace under the cold blanket of winter.

Mystiske Vandringer

I landsbyen, under den mørke stjernehimmelen, begynte hendelser å utfolde seg som om de var båret frem av usynlige tråder fra kosmos selv. En sjelden astronomisk begivenhet hadde truffet himmelen, og nå ble landsbyen vevd inn i et nett av mystiske hendelser som utfordret forståelsen av virkelighetens grenser.

Elin Nordström, med sitt dype kjennskap til gammel himmelnavigasjon, følte at stjernene hadde begynt å hviske til henne. Natt etter natt studerte hun himmelen, kartene og de gamle astronomiske skriftene som om de bar på en nøkkel til de uforklarlige hendelsene som rystet landsbyens grunnvoller.

Det begynte med at stjernene endret sin vanlige bane, dansende i himmelen på en måte som ikke hadde blitt sett på generasjoner. Folk i landsbyen merket det, men det var mer enn bare et vakkert fenomen – det var som om stjernene selv formidlet en melding, en kryptisk beskjed som bare de utvalgte kunne forstå.

Elin visste at hun måtte dykke ned i den mystiske arven fra himmelen, en arv som var vevd inn i de eldgamle historiene og kartene som hadde blitt bevart gjennom tidene. Hun samlet de eldste i landsbyen, de som hadde studert stjernene i årevis, og sammen begynte de å dechiffrere meldingen som ble formidlet av de flytende lysene på himmelen.

I mellomtiden begynte uforklarlige hendelser å skje i landsbyen. Lyder fra en svunnen tid kunne høres om natten, og skygger danset i måneskinnet som om de var levende minner fra fortiden. Folk fortalte om merkelige drømmer og visjoner, som om de var koblet til den skiftende himmelen.

Elin gransket gamle manuskripter om stjernekart og himmelske fenomener, og snart avdekket hun at landsbyen var knyttet til en gammel stjernekartkonspirasjon. I gamle tider hadde en gruppe kloke menn og kvinner laget et kart som skulle lede dem gjennom tid og rom, en hemmelig vei til visdom og makt.

Det var denne konspirasjonen som nå ble vekket til live av den sjeldne astronomiske begivenheten. Stjernene beveget seg i tråd med kartets ledetråder, og hemmelighetene det skjulte, ble gradvis avdekket. Elin innså at hun måtte agere raskt før konspirasjonen kastet landsbyen inn i en virvel av ukjente farer.

Med sin kunnskap om stjernehimmelens språk begynte Elin å tolke de gamle kartene og skriftene. Hver stjerne var som et bokstav i et kosmisk alfabet, og landsbyen selv var en del av et større mønster som strakte seg ut i universet. Hun konfererte med de eldste i landsbyen, og sammen forsøkte de å forstå de himmelske signalene.

I mellomtiden ble landsbyens folk mer og mer påvirket av stjernenes dans. Noen følte en dragning mot det ukjente, mens andre ble plaget av drømmer som syntes å avsløre skjulte sannheter. Det var som om landsbyens skjebne var sammenvevd med stjernene, og Elin måtte finne nøkkelen som kunne låse opp hemmelighetene fra fortiden.

Når netter ble til dager og stjernene fortsatte sin mystiske dans, avslørte Elin sammen med de eldste den sanne naturen til konspirasjonen. Stjernekartet ledet ikke bare til visdom, men også til en kraft som hadde blitt begravd dypt under jorden. Det var en kraft som kunne forme virkeligheten selv, men også bringe ødeleggelse hvis den ikke ble håndtert riktig.

Elin måtte navigere gjennom skyggene av fortiden, koble stjernene til landsbyens skjebne, og forhandle med krefter som hadde ligget i dvale i århundrer. Hun visste at hvert steg var avgjørende, at hennes forståelse av den gamle himmelnavigasjonen kunne være nøkkelen til å avverge en truende katastrofe.

I et rituelt øyeblikk, under stjernenes spesielle symfoni, samlet landsbyen seg for å hjelpe Elin med å frigjøre den underjordiske kraften. Det krevde en kombinasjon av gamle ord, kosmiske rytmer og kollektiv vilje. Stjernene svarte på bønnen, og en bølge av energi fløt gjennom landsbyen som om den bar med seg visdom fra stjernene selv.

Langsomt vendte stjernene tilbake til sine normale baner, og landsbyen ble løftet fra den mystiske tåken som hadde omfavnet den. Folkets drømmer ble klare, og lydene fra fortiden stilnet. Konspirasjonen var avslørt og avverget, takket være Elin og hennes forståelse av den eldgamle himmelnavigasjonen.

Som stjernene hvilte over landsbyen, kunne Elin se en ny forståelse lyse opp i øynene til de eldste og de yngre. Stjernene var ikke bare punkter på himmelen; de bar med seg historier, visdom og muligheten til å påvirke virkeligheten. Landsbyen hadde blitt en del av en større kosmisk dans, og Elin hadde vært den som hadde ledet dem gjennom mysteriene som ble vevd inn i stjernebildekonspirasjonen.

Mystical Migrations

In the village, under the dark starry sky, events began to unfold as if carried forth by invisible threads from the cosmos itself. A rare astronomical event had graced the heavens, and now the village found itself woven into a web of mysterious occurrences challenging the understanding of the boundaries of reality.

Elin Nordström, with her profound knowledge of ancient celestial navigation, felt that the stars had begun to whisper to her. Night after night, she studied the sky, the maps, and the ancient astronomical writings as if they held the key to the unexplainable events shaking the foundations of the village.

It began with the stars altering their usual paths, dancing in the sky in a way not seen in generations. People in the village noticed it, but it was more than just a beautiful phenomenon—it was as if the stars themselves were conveying a message, a cryptic message understood only by the chosen few.

Elin knew she had to delve into the mysterious legacy from the heavens, a legacy interwoven into the ancient stories and maps that had been preserved through the ages. She gathered the oldest in the village, those who had studied the stars for years, and together they began deciphering the message conveyed by the shifting lights in the sky.

Meanwhile, inexplicable events started occurring in the village. Sounds from a bygone era could be heard at night, and shadows danced in the moonlight as if they were living memories from the past. People spoke of strange dreams and visions, as if they were connected to the shifting heavens.

Elin scrutinized old manuscripts about star maps and celestial phenomena, and soon, she uncovered that the village was linked to an ancient star map conspiracy. In ancient times, a group of wise men and women had created a map to guide them through time and space, a secret path to wisdom and power.

It was this conspiracy that was now being awakened by the rare astronomical event. The stars moved in accordance with the map's clues, and the secrets it concealed were gradually revealed. Elin realized she had to act quickly before the conspiracy threw the village into a whirl of unknown dangers.

With her knowledge of the language of the starry sky, Elin began interpreting the ancient maps and writings. Each star was like a letter in a cosmic alphabet, and the village itself was part of a larger pattern that extended out into the universe. She conferred with the elders in the village, and together they tried to understand the celestial signals.

Meanwhile, the people of the village became more and more influenced by the dance of the stars. Some felt a pull toward the unknown, while others were plagued by dreams that seemed to reveal hidden truths. It was as if the destiny of the village was interwoven with the stars, and Elin had to find the key that could unlock the secrets from the past.

As nights turned into days and the stars continued their mysterious dance, Elin, together with the elders, revealed the true nature of the conspiracy. The star map led not only to wisdom but also to a power that had been buried deep underground. It was a power that could shape reality itself but also bring destruction if not handled correctly.

Elin had to navigate through the shadows of the past, connect the stars to the destiny of the village, and negotiate with forces that had lain dormant for centuries. She knew that every step was crucial, that her understanding of ancient celestial navigation could be the key to averting an impending catastrophe.

In a ritual moment, under the special symphony of the stars, the village gathered to assist Elin in releasing the underground power. It required a combination of ancient words, cosmic rhythms, and collective will. The stars responded to the prayer, and a wave of energy flowed through the village as if carrying wisdom from the stars themselves.

Slowly, the stars returned to their normal paths, and the village was lifted from the mysterious fog that had embraced it. People's dreams became clear, and the sounds from the past quieted. The conspiracy was revealed and averted, thanks to Elin and her understanding of ancient celestial navigation.

As the stars rested over the village, Elin could see a new understanding lighting up in the eyes of both the elders and the younger generations. The stars were not just points in the sky; they carried stories, wisdom, and the ability to influence reality. The village had become part of a larger cosmic dance, and Elin had been the one to guide them through the mysteries woven into the star map conspiracy.

Den Fortrollende Fjorden

Langs kysten av Norge, der fjordene skjærer seg inn i landet som magiske sår, bodde Elin Nordström. Hun var en kvinne av jord og himmel, med et hjerte som banket i takt med bølgene som rullet inn fra det åpne havet. Men det var en dag, mens hun studerte gamle manuskripter og kart, at Elin kom over en langt glemt legende som skulle sette i gang en kjede av hendelser som ville forvandle hennes verden.

Legenden handlet om en fortryllet fjord, en skjult perle dypt inne i fjellene, hvis vann hadde makten til å oppfylle ønsker. I generasjoner hadde folk snakket om denne magiske stedet, men det var som om tiden hadde visket ut troen på at slike under kunne eksistere.

Elin, alltid nysgjerrig og trukket mot mysterier, kunne ikke motstå fristelsen til å utforske denne glemte legenden. Hun dro til fjorden, følge stiene som viklet seg gjennom de trolske skogene og ledet henne til vannets hemmelige hvilested.

Da hun sto ved bredden av fjorden, kunne Elin kjenne en magisk energi som danset i luften. Solen kastet sitt gyldne skinn over det rolige vannet, og fjellene omkring sto som stolte voktere av en glemt visdom. Elin følte en uforklarlig forventning, som om fjorden selv holdt pusten i påvente av hennes tilstedeværelse.

I et øyeblikk av dristighet senket Elin hånden ned i det klare vannet og formulerte et forsiktig ønske. Ordene forlot leppene hennes som varsomme sus i brisen, og øyeblikket hun avsluttet setningen, følte hun en vibrasjon i vannet, som om fjorden hadde hørt hennes bønn.

Dagene gikk, og Elin begynte å legge merke til at ting rundt henne begynte å endre seg. Ønsker som hun hadde formulert ved fjordens bredder, begynte å materialisere seg på uventede måter. Folk i landsbyen opplevde små mirakler, som om fjorden hadde blitt en kilde til magi som berørte hvert hjørne av deres liv.

Men med miraklene kom også uventede konsekvenser. Ønsker som ble oppfylt, viste seg å være dobbelttydige, som om fjorden hadde en vilje og visdom som gikk utover det umiddelbare ønsket. Landsbyen ble fanget i et skjebnesvangert vev av oppfylte drømmer og utilsiktede konsekvenser.

Elin, som hadde vært kilden til denne velsignelsen eller forbannelsen, følte et ansvar som hvilte tungt på hennes skuldre. Hun bestemte seg for å grave dypere inn i legenden, for å forstå fjordens egentlige natur og hensikt. Det var som om fjorden hadde våknet til liv, og nå var Elin nøkkelen til å forstå dens sanne essens.

Hun studerte gamle skrifter og rådførte seg med de eldste i landsbyen, de som hadde hørt historiene fra sine besteforeldre. Legenden av den fortryllede fjorden hadde blitt overlevert gjennom muntlige fortellinger, men det var få som virkelig trodde på dens magi før nå.

Elin oppdaget at fjorden var mer enn bare et sted for ønsker. Den var en eldgammel kraft, en slags vokter av balansen i naturen. Når folk formulerte ønsker ved dens bredder, tok fjorden ikke bare hensyn til ordene, men også til intensjonene bak dem. Det var som om den var et levende vesen, formet av folks håp og lengsler.

Når Elin forsto dette, følte hun en dyp respekt for fjorden og dens kraft. Men samtidig visste hun at hun måtte hjelpe landsbyen med å forstå konsekvensene av deres ønsker. Hun ble en mekler mellom det magiske og det menneskelige, en brobygger mellom fjorden og landsbyen som nå sto overfor en uforutsigbar fremtid.

Elin organiserte et møte ved fjordens bredder, der folk samlet seg for å diskutere hvordan de skulle håndtere den magiske kraften de hadde avdekket. Hun delte sin innsikt og oppfordret landsbyens folk til å formulere ønsker med forsiktighet, med en dyp forståelse av konsekvensene.

Men det var vanskelig å tøyle menneskets ønsker og drømmer. Noen ønsket rikdom og lykke, mens andre lengtet etter kjærlighet og harmoni. Fjorden svarte på disse ønskene på måter som ingen kunne forutsi, og landsbyen ble en arena for både glede og bekymring.

Elin stod fast i sitt oppdrag, og selv om utfordringene var mange, fortsatte hun å være en brobygger mellom de to verdener. Hun lærte landsbyen å forstå fjordens subtile språk og visdom, og gradvis fant de en balanse mellom å be om ønsker og å respektere fjordens unike kraft.

Gjennom prosessen ble Elin selv en del av legenden. Hun ble kjent som den som hadde vekket fjordens magi til live, men også som den som hadde lært landsbyen å sette pris på det subtile samspillet mellom mennesker og naturens krefter.

Sakte men sikkert vendte balansen tilbake til landsbyen. Folk lærte å formulere ønsker med en dypere forståelse av deres virkning på fellesskapet. Fjorden ble ikke lenger bare sett på som en kilde til individuelle drømmer, men som et felles ansvar for alle som bodde langs dens bredder.

Legenden om den fortryllede fjorden ble ikke lenger bare en historie fra fortiden, men et levende kapittel i landsbyens daglige liv, hvor folkets ønsker ble veid med visdom og ansvar. Og fjorden forble en magisk kraft, en vokter av håp og balanse, vevd inn i hverdagen til de som bodde ved dens mystiske bredder.

The Enchanted Fjord

Along the coast of Norway, where the fjords cut into the land like magical wounds, lived Elin Nordström. She was a woman of earth and sky, with a heart that beat in rhythm with the waves rolling in from the open sea. But one day, while studying old manuscripts and maps, Elin came across a long-forgotten legend that would set off a chain of events transforming her world.

The legend spoke of an enchanted fjord, a hidden gem deep within the mountains, whose waters had the power to fulfill wishes. For generations, people had spoken of this magical place, but it was as if time had erased the belief that such wonders could exist.

Elin, always curious and drawn to mysteries, could not resist the temptation to explore this forgotten legend. She journeyed to the fjord, following the paths that wound through the enchanting forests, leading her to the water's secret resting place.

As she stood at the fjord's edge, Elin could sense a magical energy dancing in the air. The sun cast its golden glow over the tranquil water, and the surrounding mountains stood as proud guardians of a forgotten wisdom. Elin felt an inexplicable anticipation, as if the fjord itself held its breath in anticipation of her presence.

In a moment of boldness, Elin dipped her hand into the clear water and uttered a cautious wish. The words left her lips like gentle whispers in the breeze, and the moment she finished the sentence, she felt a vibration in the water, as if the fjord had heard her prayer.

Days passed, and Elin began to notice that things around her started to change. Wishes she had formulated by the fjord's edge began to materialize in unexpected ways. People in the village experienced small miracles, as if the fjord had become a source of magic touching every corner of their lives.

But with the miracles came unexpected consequences. Wishes that were fulfilled turned out to be ambiguous, as if the fjord had a will and wisdom beyond the immediate desire. The village became entangled in a fateful web of fulfilled dreams and unintended consequences.

Elin, who had been the source of this blessing or curse, felt a responsibility weighing heavily on her shoulders. She decided to delve deeper into the legend, to understand the true nature and purpose of the fjord. It was as if the fjord had come alive, and now Elin held the key to understanding its true essence.

She studied old scriptures and consulted with the elders in the village, those who had heard the stories from their grandparents. The legend of the enchanted fjord had been passed down through oral tales, but few truly believed in its magic until now.

Elin discovered that the fjord was more than just a place for wishes. It was an ancient power, a kind of guardian of the balance in nature. When people formulated wishes by its shores, the fjord took into account not only the words but also the intentions behind them. It was as if it were a living being, shaped by people's hopes and longings.

Once Elin understood this, she felt a deep respect for the fjord and its power. But at the same time, she knew she had to help the village understand the consequences of their wishes. She became a mediator between the magical and the human, a bridge between the fjord and the village now facing an unpredictable future.

Elin organized a meeting by the fjord's edge, where people gathered to discuss how to handle the magical power they had uncovered. She shared her insights and urged the village people to formulate wishes with caution, with a profound understanding of the consequences.

But it was challenging to restrain human desires and dreams. Some wished for wealth and happiness, while others longed for love and harmony. The fjord responded to these wishes in ways no one could predict, and the village became an arena for both joy and concern.

Elin remained steadfast in her mission, and even though the challenges were many, she continued to be a bridge between the two worlds. She taught the village to understand the fjord's subtle language and wisdom, and gradually, they found a balance between making wishes and respecting the fjord's unique power.

Through the process, Elin herself became part of the legend. She became known as the one who had awakened the fjord's magic, but also as the one who had taught the village to appreciate the subtle interplay between humans and the forces of nature.

Slowly but surely, balance returned to the village. People learned to formulate wishes with a deeper understanding of their impact on the community. The fjord was no longer seen merely as a source of individual dreams but as a shared responsibility for all living along its shores.

The legend of the enchanted fjord was no longer just a story from the past but a living chapter in the village's daily life, where people's wishes were weighed with wisdom and responsibility. And the fjord remained a magical force, a guardian of hope and balance, woven into the everyday lives of those who lived along its mysterious shores.

De Hviskende Skogene

Langt inne i skogens mystiske omfavnelse, der trærne hvisker hemmeligheter og lyset filtrerer gjennom blader som glitrer som smykker, ble landsbyen omringet av en skog som mange mente var forhekset. Mange hendelser i det siste hadde vekket bekymring blant landsbyboerne, og det var til Elin Nordström de vendte seg, kjent som den som kunne lese tegn og tolke mysterier.

Det begynte med uforklarlige lyder som fløy gjennom tretoppene, som hvisket gamle visdomsord som bare de mest årvåkne kunne oppfange. Noen hevdet å ha sett skygger som danset mellom stammene om natten, og andre rapporterte om mystiske lysglimt som blinket i det fjerne. Landsbyen, engang i harmoni med skogen, hadde nå fått et anstrøk av uro og frykt.

Elin Nordström, alltid nysgjerrig på det overnaturlige og det skjulte, kunne ikke ignorere landsbyens bekymringer. Med sin ryggsekk full av bøker om gammel folklore og kunnskap om urgamle skikker, begav hun seg inn i den såkalte "Hviskende Skogen" for å avdekke sannheten bak de merkelige hendelsene.

Skogens grenser var som et skiftende slør, der lyset falt i stråler gjennom bladverket som om det prøvde å avsløre eller beskytte de skjulte mysteriene innenfor. Elin kjente den magiske pulsen i skogen, en følelse av at hvert tre, hver busk og hver sti hadde en egen stemme som fortalte en glemt historie.

Hun startet undersøkelsen ved å snakke med de eldste i landsbyen, de som hadde hørt skogens viskninger gjennom mange tiår. Eldre folk husket fortellinger fra barndommen, historier om skogens voktere og de som hadde våget å utfordre dens grenser. Felles i alle beretningene var en respekt for skogens mystikk og en varsku mot å vekke de sovende kreftene som hvilte der.

Etterhvert som Elin dykket dypere inn i skogen, begynte hun å legge merke til mønstre og symboler risset inn i barken på gamle trær. Det var som om skogen kommuniserte gjennom språket til naturen selv, og Elin brukte sine kunnskaper i runologi og gamle symboler for å forstå meldingene som var gjemt der.

Hun tilbrakte netter med å lytte til de hviskende vindene og observere månens refleksjoner i skogstjernene. Gradvis avdekket hun en lang tapt forbindelse mellom landsbyens beboere og den mystiske skogvokteren som hadde holdt vakt gjennom århundrer.

Det viste seg at landsbyboerne en gang hadde inngått en pakt med skogen, en avtale som sikret gjensidig respekt og beskyttelse. I bytte for omsorg for skogens rikdommer og bevaring av dens hemmeligheter, hadde skogvokteren lovet å være en beskytter for landsbyen, veilede dem gjennom tider med fare og uro.

Men gjennom årene hadde minnet om denne avtalen blitt tapt i tåkene av tid, og landsbyboerne hadde glemt løftet de en gang hadde gitt. Skogen, som følte seg forlatt og urespektert, hadde reagert med mild uro, en påminnelse om at enhver pakt hadde to sider.

Elin forsto at for å gjenopprette balansen og roen i landsbyen, måtte forbindelsen til skogvokteren bli gjenopprettet. Hun innkalte landsbyboerne og delte sin oppdagelse om den gamle avtalen. Det var på tide å huske løftet som hadde blitt gjort, og å vise respekt for skogen som hadde vært deres trofaste vokter.

Sammen med landsbyboerne organiserte Elin en seremoni ved skogens hjerte, der de gjentok løftene som hadde blitt gitt så mange generasjoner før. Skogvokterens viskninger ble hørt tydeligere, og en følelse av aksept og ro senket seg over skogen.

Det viste seg at skogvokteren ikke var en truende kraft, men en veileder og beskytter for dem som æret paktens ord. Landsbyen begynte å gjenoppta de gamle ritualene og skikkene, og skogen responderte med en blomstring av liv og harmoni. Den en gang "Hviskende Skogen" ble nå kjent som "De Forstående Skoger", der det åndelige båndet mellom menneskene og naturen ble gjenopprettet.

Elin Nordström, som hadde fungert som brobygger mellom de to verdener, forlot skogen med følelsen av å ha hjulpet både landsbyboerne og skogvokteren med å finne tilbake til hverandre. Skogens hemmeligheter og visdom ble bevart, men nå delt i gjensidig respekt og samhørighet.

Landsbyen, en gang plaget av frykt, hadde funnet en ny harmoni med skogen som omgav den. Skogvokteren, nå forstått og æret, ville fortsette å veilede og beskytte gjennom århundrene, og Elin Nordström hadde vært vitne til en magisk gjenforening mellom menneske og natur.

The Whispering Woods

Deep within the mysterious embrace of the forest, where trees whispered secrets and light filtered through leaves that glittered like jewels, the village was surrounded by a forest believed by many to be enchanted. Recent events had raised concerns among the villagers, and it was to Elin Nordström, known as one who could read signs and interpret mysteries, that they turned.

It began with inexplicable sounds that flew through the treetops, whispering ancient words of wisdom that only the most vigilant could discern. Some claimed to have seen shadows dancing between the trunks at night, and others reported mysterious flashes of light blinking in the distance. The village, once in harmony with the forest, now had a touch of unease and fear.

Elin Nordström, always curious about the supernatural and the hidden, could not ignore the village's concerns. With her backpack full of books on ancient folklore and knowledge of age-old customs, she ventured into the so-called "Whispering Woods" to uncover the truth behind the strange occurrences.

The forest's boundaries were like a shifting veil, where light fell in rays through the foliage as if trying to reveal or protect the hidden mysteries within. Elin sensed the magical pulse of the forest, a feeling that every tree, every bush, and every path had its own voice telling a forgotten story.

She began the investigation by talking to the oldest in the village, those who had heard the whispers of the forest for many decades. Elderly people recalled tales from childhood, stories of the forest guardians and those who had dared to challenge its boundaries. Common in all the narratives was a respect for the mystique of the forest and a warning against awakening the dormant forces that rested there.

As Elin delved deeper into the forest, she started to notice patterns and symbols carved into the bark of ancient trees. It was as if the forest communicated through the language of nature itself, and Elin used her knowledge of runology and ancient symbols to understand the messages hidden there.

She spent nights listening to the whispering winds and observing the moon's reflections in the forest ponds. Gradually, she uncovered a long-lost connection between the villagers and the mystical guardian of the woods who had stood watch for centuries.

It turned out that the villagers had once entered into a pact with the forest, an agreement that ensured mutual respect and protection. In exchange for caring for the forest's riches and preserving its secrets, the forest guardian had promised to be a protector for the village, guiding them through times of danger and unrest.

Over the years, however, the memory of this agreement had been lost in the mists of time, and the villagers had forgotten the promise they had once made. The forest, feeling abandoned and disrespected, had reacted with mild unrest, a reminder that every pact had two sides.

Elin understood that to restore balance and peace to the village, the connection to the forest guardian had to be reestablished. She summoned the villagers and shared her discovery of the ancient pact. It was time to remember the promise that had been made and to show respect for the forest that had been their faithful guardian.

Together with the villagers, Elin organized a ceremony at the heart of the forest, where they reiterated the vows made so many generations before. The whispers of the forest became clearer, and a sense of acceptance and calm settled over the woods.

It turned out that the forest guardian was not a threatening force but a guide and protector for those who honored the words of the pact. The village began to resume the old rituals and customs, and the forest responded with a flourish of life and harmony. The once "Whispering Woods" were now known as the "Understanding Forests," where the spiritual bond between humans and nature was restored.

Elin Nordström, who had served as a bridge between the two worlds, left the forest with the feeling of having helped both the villagers and the forest guardian to reconnect. The secrets and wisdom of the forest were preserved but now shared in mutual respect and camaraderie.

The village, once plagued by fear, had found a new harmony with the forest that surrounded it. The forest guardian, now understood and honored, would continue to guide and protect through the centuries, and Elin Nordström had witnessed a magical reunion between humanity and nature.

46

Sjøfarens Klagesang

Det var en kjølig ettermiddag ved kysten, der lyden av bølger som møtte land og måkeskrik flettet seg sammen i en harmoni som hadde fulgt kystsamfunnet gjennom generasjoner. Elin Nordström, alltid fascinert av havet og dets mystiske historier, spaserte langs stranden, håret hennes bølget i den friske brisen.

Mens hun vandret langs kaien, la Elin merke til en gammel sjømann sittende på en brygge, stirrende ut mot horisonten. Han hadde et værbitt ansikt som bar preg av utallige turer over det uforutsigbare havet, og øynene hans glitret med minner fra fjerne farvann. Elin, nysgjerrig av natur, bestemte seg for å nærme seg og høre sjømannens historie.

Den gamle sjømannen snudde seg langsomt mot Elin, og i blikket hans kunne hun skimte en blanding av nostalgi og uro. Han begynte å fortelle om en natt for lenge siden, en natt som fortsatt hjemsøkte hans drømmer. Han påstod å ha vært vitne til noe utenom det vanlige – en sjøuhyre, en skygge fra dypet som truet med å sluke både skip og sjømenn.

Elin, selv om hun var kjent for å være åpen for det overnaturlige, var skeptisk. Sjøfolk var kjent for å dele historier fra havet, ofte fylt med overdrevne detaljer og fargerike beskrivelser. Likevel kunne hun ikke motstå sjømannens inderlige blikk og den genuine tonen i stemmen hans.

Hun bestemte seg for å utforske sjømannens påstand videre. Med bøker om maritim folklore og gamle sjøkart som veiledning, begynte Elin å dykke inn i historiene som sjøfolk gjennom tidene hadde fortalt om farlige farvann og sjøuhyrer som hvilte under bølgene.

Det viste seg at sjøuhyrer hadde en lang historie i sjøfolkets overtro. Historier om kjempeblekkspruter som dro skip og sjøfolk ned i dypet, eller havslanger som lurte i mørket, hadde blitt passert ned gjennom generasjoner. Mange av disse fortellingene ble betraktet som ren fantasi, men Elin oppdaget at det ofte lå en kjerne av sannhet i mytene.

Mens hun fordypet seg i gamle tekster og sjømannsberetninger, oppdaget Elin at det var en sammenheng mellom sjømannens historie og en gammel forbannelse som kastet sitt dystre slør over hele det kystnære samfunnet. En forbannelse som hadde ligget skjult i skyggene av tidevannet i århundrer.

Den gamle sjømannens fortelling var ikke bare et tilfeldig møte med et sjøuhyre, men en advarsel om en truende katastrofe som truet med å bryte ut. Ifølge gamle legender hadde en gruppe sjømenn fra samfunnet for mange århundrer siden fornærmet havets guddommer, og som straff ble de rammet av en forbannelse.

Forbannelsen forutsa en tid da havet selv ville reise seg i vrede, og et sjøuhyre, en levende manifestasjon av guddommelig vrede, ville komme for å kreve en høy pris. Den gamle sjømannen, som var en av de få gjenværende som hadde hørt om forbannelsen fra sine forfedre, hadde nå blitt vitne til de første tegnene på at den gamle profetien var i ferd med å gå i oppfyllelse.

Elin, nå alvorlig bekymret, konfronterte de eldste i samfunnet for å bekrefte denne gamle historien. De bekreftet at det virkelig hadde vært en forbannelse, og at de nå hadde glemt de gamle ritualene som en gang hadde holdt havets vrede i sjakk.

Sammen med de eldste og den gamle sjømannen, som nå ble sett på som en viktig kilde til innsikt, organiserte Elin en seremoni ved sjøkanten. De gjenopplivet de gamle ritualene, ofret til havets guddommer og ba om tilgivelse for sine forfedres synder.

Det var som om havet selv svarte på deres bønn. Vinden roet seg, bølgene sluttet å rase, og horisonten klarnet. Den gamle sjømannen, med tårer i øynene, uttrykte lettelse over at hans siste dager ikke ville bli preget av en guddommelig hevn fra dypet.

Historien om sjømannens lamentasjon ble en advarsel til samfunnet, en påminnelse om å hedre havet og dets krefter med respekt. Elin Nordström, med sin utforskende ånd og vilje til å tro på det ukjente, hadde hjulpet med å redde kystsamfunnet fra en skjebne som hadde hvilt i de dypeste bølger av tid.

The Seafarer's Lament

It was a cool afternoon by the coast, where the sound of waves meeting the shore and seagull cries intertwined in a harmony that had followed the coastal community through generations. Elin Nordström, always fascinated by the sea and its mysterious stories, strolled along the beach, her hair waving in the fresh breeze.

As she walked along the pier, Elin noticed an old sailor sitting on a dock, staring out towards the horizon. He had a weather-beaten face bearing the marks of countless journeys across the unpredictable sea, and his eyes sparkled with memories from distant waters. Elin, curious by nature, decided to approach and hear the sailor's story.

The old sailor turned slowly toward Elin, and in his gaze, she could discern a mix of nostalgia and unease. He began to tell of a night long ago, a night that still haunted his dreams. He claimed to have witnessed something extraordinary—a sea monster, a shadow from the depths that threatened to engulf both ships and sailors.

Elin, although known to be open to the supernatural, was skeptical. Sailors were known for sharing stories from the sea, often filled with exaggerated details and colorful descriptions. Nevertheless, she couldn't resist the sailor's earnest gaze and the genuine tone in his voice.

She decided to further explore the sailor's claim. With books on maritime folklore and ancient sea charts as her guide, Elin began to delve into the stories sailors had told over the ages about treacherous waters and sea monsters lurking beneath the waves.

It turned out sea monsters had a long history in sailors' superstitions. Tales of giant squids dragging ships and sailors into the depths or sea serpents lurking in the darkness had been passed down through generations. Many of these stories were considered pure fantasy, but Elin discovered that there often lay a kernel of truth in the myths.

As she delved into old texts and sailors' accounts, Elin found a connection between the sailor's story and an ancient curse that cast its gloomy veil over the entire coastal community. The old sailor's tale was not just a chance encounter with a sea monster but a warning of an impending catastrophe threatening to break out. According to ancient legends, a group of sailors from the community had insulted the sea gods many centuries ago, and as punishment, they were afflicted by a curse.

The curse foretold a time when the sea itself would rise in wrath, and a sea monster, a living manifestation of divine fury, would come to exact a heavy toll. The old sailor, one of the few remaining who had heard of the curse from his ancestors, had now witnessed the first signs that the ancient prophecy was coming true.

Elin, now deeply concerned, confronted the elders in the community to confirm this ancient story. They confirmed that there had indeed been a curse, and they had now forgotten the old rituals that once kept the sea's wrath at bay.

Together with the elders and the old sailor, now regarded as a crucial source of insight, Elin organized a ceremony by the seaside. They revived the old rituals, offering sacrifices to the sea gods and asking for forgiveness for the sins of their forefathers.

It was as if the sea itself responded to their prayer. The wind calmed, the waves ceased their raging, and the horizon cleared. The old sailor, with tears in his eyes, expressed relief that his final days would not be marked by a divine vengeance from the depths.

The story of the sailor's lament became a warning to the community, a reminder to honor the sea and its powers with respect. Elin Nordström, with her explorative spirit and willingness to believe in the unknown, had helped save the coastal community from a fate that had rested in the deepest waves of time.

Den Konspirasjonen

I en avsidesliggende del av det vakre norske landskapet, hvor tåken omfavnet de gamle vikinggravplassene og historiens vingesus lå tungt i luften, begav arkeologen Elin Nordström seg ut på en oppdagelsesferd som skulle riste grunnvollene av en tilsynelatende harmonisk bygd.

Det var en kjølig dag, preget av de karakteristiske fargene til en nordisk høst. Elin vandret forsiktig blant de høye gravsteiner og forhistoriske minnesmerker, deres konturer myket av tidens tann. Øynene hennes, som hadde sett mye i løpet av mange utgravninger, skinte med en blanding av spenning og ærefrykt.

Midt blant de gamle gravene, skjult under løv og jord, avdekket Elin til slutt inngangen til en hittil ukjent vikinggrav. Stedet utstrålte en aura av historisk betydning, som om de gamle steinene hvisket hemmeligheter til dem som ville lytte. Med forsiktig håndtering av hvert funn, avdekket Elin en urne dekorert med eldgamle runer.

Runene var ikke de vanlige, dagligdagse inskripsjonene. De var komplekse, kryptiske og syntes å danne et mønster som strakte seg utover urnen som en veve av historie. Elin, som hadde en spesiell sans for runologi, kunne ikke motstå fristelsen til å løse mysteriet bak disse gamle tegnene.

Hun satte seg ned, runebok i hånd, og begynte den utfordrende oppgaven med å dechiffrere budskapet inngravert av en lengst borte viking. Timer ble dager, men Elin var urokkelig. Hver linje, hver bue, var som et nøkkelord i et fortryllende språk, og hun følte at hun var på sporet av noe stort.

Til slutt, etter utallige forsøk og endeløse notater, sto budskapet klart for henne. Runene fortalte historien om en lang glemt konspirasjon som hadde trådt inn i det moderne, hvor linjene mellom fortid og nåtid ble flettet sammen som de intrikate mønstrene på urnen. En konspirasjon knyttet til en mektig lokal familie, hvis røtter strakte seg tilbake til tider da vikingene hersket over havet.

Elin ble slått av omfanget av det hun hadde avdekket. Dette var ikke bare en historie om individuelle handlinger, men en intrikat web av hemmeligheter som hadde blitt vevd gjennom generasjoner. I en bygd der navn ble hvisket fra far til sønn, og historier ble fortalt rundt bålet om kvelden, hadde sannheten blitt begravet dypt, men runene hadde avslørt den.

Hun bestemte seg for å følge sporene som ble trukket opp av runene. Jakten på sannheten førte henne gjennom arkiver, gamle manuskripter og samtaler med eldre landsbyboere som kunne kaste lys over skyggene fra fortiden. Elin oppdaget historier om forræderi, kjærlighet og maktkamp, alle flettet sammen som tråder i et intrikat mønster.

I et forsøk på å bringe sannheten for dagen, tok Elin på seg rollen som en moderne detektiv. Hver ledetråd, hvert vitnesbyrd, ble veid nøye, som om hun løste en gåte fra en annen tid. Lokalbefolkningen, delt mellom lojalitet til fortidens skikker og et ønske om å avdekke sannheten, fulgte nøye med på hennes ferd.

Jo dypere Elin gravde, desto mer ble konspirasjonens forgreininger avslørt. Maktspill, hemmelige avtaler og familiens dynastiske intriger kastet skygger over fortidens landskap. Elin følte tyngden av ansvaret for å bringe sannheten for dagen, ikke bare for sin egen tilfredshet, men for hele samfunnets skyld.

Til slutt, etter måneder med intens graving og utforskning, stod Elin ansikt til ansikt med sannheten. Hun organiserte et møte i bygdens gamle forsamlingshus, der hun presenterte sine funn. Historien om den gamle vikingens konspirasjon ble avdekket, og navnene som hadde vært begravet i tidens tåke ble igjen hvisket gjennom luften.

Familien som hadde vært involvert i konspirasjonen, møtte samfunnets reaksjoner med et spekter av følelser. Noen erkjente feilene fra fortiden og ba om forsoning, mens andre sto fast i sitt forsvar av familiens ære. Elin, som hadde fungert som broen mellom fortid og nåtid, kunne se at hennes innsats hadde satt i gang en helbredelsesprosess i bygden.

The Conspiracy

In a secluded part of the beautiful Norwegian landscape, where the mist embraced ancient Viking burial sites and the echoes of history lingered heavily in the air, archaeologist Elin Nordström embarked on an exploration that would shake the foundations of an ostensibly harmonious village.

It was a cool day, marked by the characteristic colors of a Nordic autumn. Elin walked carefully among the tall gravestones and prehistoric monuments, their contours softened by the ravages of time. Her eyes, which had seen much during many excavations, sparkled with a mixture of excitement and awe.

Amidst the ancient graves, hidden beneath leaves and soil, Elin finally uncovered the entrance to a previously unknown Viking burial site. The place exuded an aura of historical significance, as if the ancient stones whispered secrets to those willing to listen. With careful handling of each discovery, Elin revealed an urn adorned with ancient runes.

The runes were not the usual, everyday inscriptions. They were complex, cryptic, forming a pattern that extended over the urn like a weave of history. Elin, possessing a special affinity for runology, could not resist the temptation to unravel the mystery behind these ancient symbols.

She sat down, runic book in hand, and began the challenging task of deciphering the message engraved by a long-gone Viking.

Hours turned into days, but Elin remained unwavering. Each line, each curve, was like a keyword in an enchanting language, and she felt she was on the trail of something significant.

Eventually, after numerous attempts and endless notes, the message became clear to her. The runes told the story of a long-forgotten conspiracy that had seeped into the modern era, where the lines between past and present were interwoven like the intricate patterns on the urn. A conspiracy linked to a powerful local family, whose roots stretched back to the times when Vikings ruled the seas.

Elin was struck by the magnitude of what she had uncovered. This was not just a tale of individual actions but an intricate web of secrets woven through generations. In a village where names were whispered from father to son, and stories were told around the evening fire, the truth had been buried deep. However, the runes had revealed it.

She decided to follow the traces laid out by the runes. The quest for truth led her through archives, ancient manuscripts, and conversations with elder villagers who could shed light on the shadows of the past. Elin discovered stories of betrayal, love, and power struggles, all intertwined like threads in an intricate pattern.

In an attempt to bring the truth to light, Elin assumed the role of a modern detective. Every clue, every testimony, was weighed carefully, as if she were solving a riddle from another time. The locals, torn between loyalty to past customs and a desire to uncover the truth, followed closely in her footsteps.

The deeper Elin dug, the more the branches of the conspiracy were revealed. Power plays, secret agreements, and dynastic intrigues cast shadows over the landscape of the past. Elin felt the weight of the responsibility to bring the truth to light, not just for her own satisfaction but for the sake of the entire community.

Finally, after months of intense digging and exploration, Elin stood face to face with the truth. She organized a meeting in the village's old assembly hall, where she presented her findings. The story of the ancient Viking's conspiracy was unveiled, and the names that had been buried in the fog of time were once again whispered through the air.

The family involved in the conspiracy faced the community's reactions with a spectrum of emotions. Some acknowledged the mistakes of the past and sought reconciliation, while others stood firm in defending the family's honor. Elin, who had served as the bridge between past and present, could see that her efforts had set in motion a healing process in the village.